Petit monde vivant

Les Volcans

SO-AVY-636

Bobbie Kalman

Traduction : Marie-Josée Brière

Les volcans est la traduction de *Volcanoes on Earth* de Bobbie Kalman (ISBN 0-7787-3215-0) ©2005, Crabtree Publishing Company, 612, Welland Ave., St.Catharines, Ontario, Canada L2M 5V6

Catalogage avant publication de Bibliothèque et Archives nationales du Québec et Bibliothèque et Archives Canada

Kalman, Bobbie, 1947-

    Les volcans

    (Petit monde vivant)
    Traduction de : Volcanoes on earth.
    Comprend un index.
    Pour enfants de 6 à 10 ans.

    ISBN 978-2-89579-250-5

1. Volcans - Ouvrages pour la jeunesse. I. Titre. II. Collection : Kalman, Bobbie, 1947-   . Petit monde vivant.

QE521.3.K3514 2009   j551.21   C2009-940994-1

Recherche de photos
Bobbie Kalman
Crystal Sikkens

Illustrations
Jim Chernishenko : page 26
Robert MacGregor : page 6
Dan Pressman : page 7

Photos
© Dreamstime.com : page 19 (en bas)
© iStockphoto.com : pages 1 (sauf arrière-plan), 8, 9 (à gauche), 12 (en haut) et 13 (au milieu à droite)
© 2008 Jupiterimages Corporation : page 17 (en haut)
© Shutterstock.com : page couverture, pages 3, 4, 5, 9 (en haut à droite), 11 (en bas), 13 (sauf au milieu à droite), 14 (en haut), 15, 16, 17 (en bas), 18, 19 (au milieu), 20, 21, 22-23, 24, 25, 26, 27 (sauf médaillon), 28 (en haut), 29 et 31
Wikimedia Commons : page 27 (médaillon)
Autres images : Corel et Digital Stock

Nous reconnaissons l'aide financière du gouvernement du Canada par l'entremise du
Programme d'aide au développement de l'industrie de l'édition (PADIÉ) pour nos activités d'édition.

 Conseil des Arts   **Canada Council**
du Canada   **for the Arts**

Bayard Canada Livres Inc. remercie le Conseil des Arts du Canada du soutien accordé à son programme d'édition dans le cadre du Programme des subventions globales aux éditeurs.

Cet ouvrage a été publié avec le soutien de la SODEC.
Gouvernement du Québec – Programme de crédit d'impôt pour l'édition de livres – Gestion SODEC.

Dépôts légaux – 3ᵉ trimestre 2009
Bibliothèque et Archives nationales du Québec
Bibliothèque et Archives Canada

Direction :   Andrée-Anne Gratton
Graphisme :   Mardigrafe
Traduction :   Marie-Josée Brière
Révision :   Johanne Champagne

© Bayard Canada Livres inc., 2009
4475, rue Frontenac
Montréal (Québec)
Canada H2H 2S2
Téléphone : (514) 844-2111 ou 1 866 844-2111
Télécopieur : (514) 278-0072
Courriel : edition@bayardcanada.com
Site Internet : www.bayardlivres.ca
Fiches d'activités disponibles sur www.bayardlivres.ca

Imprimé au Canada

Table des matières

Qu'est-ce qu'un volcan ?

Les volcans sont des trous dans la surface de la Terre. Quand ils font **éruption**, ils éjectent de la lave, des pierres et de la poussière. La lave, c'est de la roche fondue à très haute température. Le volcan qu'on voit ici est en éruption.

Le mont Rainier est un volcan de l'État de Washington, aux États-Unis. Sa dernière éruption remonte à 1854.

glacier

Les volcans sont aussi des montagnes

Le mot « volcan » sert aussi à désigner la montagne qui s'est formée autour de l'ouverture du même nom. Les montagnes **volcaniques** sont des amas de roches qui peuvent atteindre une hauteur considérable, comme celle qu'on voit ici. C'est le mont Rainier, sur lequel on trouve des **glaciers**, des rivières de glace qui se déplacent lentement.

Les éruptions volcaniques

La Terre se compose de quatre couches principales. Deux de ces couches, au centre de la Terre, forment le noyau, qu'on divise en noyau interne et noyau externe. La couche qui entoure le noyau s'appelle le « manteau ». Le manteau contient de la roche en **fusion** extrêmement chaude ; c'est le **magma**. La couche extérieure de la Terre porte le nom de « **croûte** », ou « écorce terrestre ». C'est là que nous vivons. Les volcans font éruption quand la chaleur et les **gaz** accumulés sous la croûte doivent sortir à l'air libre. Ils passent alors par les volcans.

Les couches terrestres

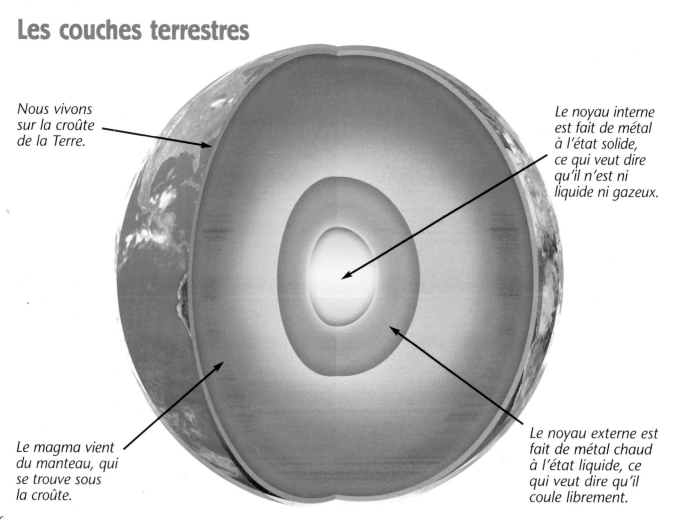

Nous vivons sur la croûte de la Terre.

Le noyau interne est fait de métal à l'état solide, ce qui veut dire qu'il n'est ni liquide ni gazeux.

Le magma vient du manteau, qui se trouve sous la croûte.

Le noyau externe est fait de métal chaud à l'état liquide, ce qui veut dire qu'il coule librement.

À l'intérieur d'un volcan

L'illustration ci-dessous montre l'intérieur d'un volcan. Des gaz, de la **vapeur**, des poussières, des cendres, de la lave et des roches sortent par la bouche du volcan, qu'on appelle « **cratère** ». Ce cratère se trouve tout en haut d'une longue cheminée. En plus de cette ouverture au sommet, les volcans peuvent aussi avoir de petits cratères secondaires, appelés « évents », qui s'ouvrent sur leurs flancs.

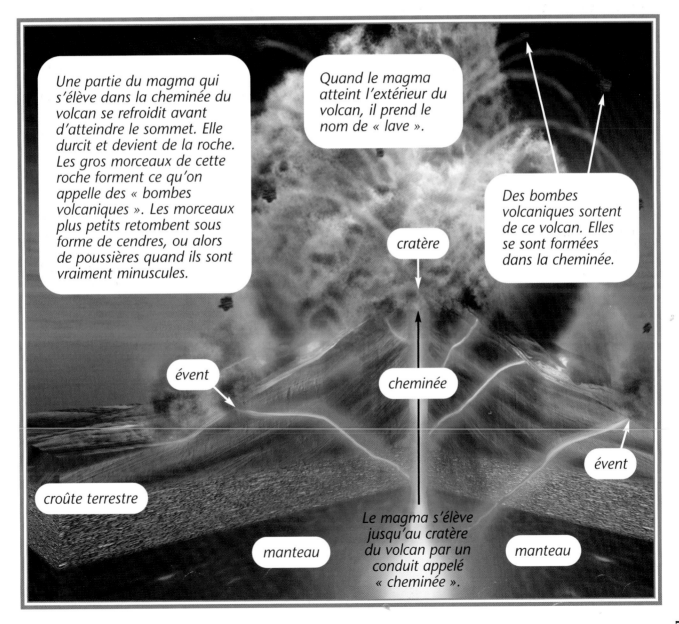

Une partie du magma qui s'élève dans la cheminée du volcan se refroidit avant d'atteindre le sommet. Elle durcit et devient de la roche. Les gros morceaux de cette roche forment ce qu'on appelle des « bombes volcaniques ». Les morceaux plus petits retombent sous forme de cendres, ou alors de poussières quand ils sont vraiment minuscules.

Quand le magma atteint l'extérieur du volcan, il prend le nom de « lave ».

Des bombes volcaniques sortent de ce volcan. Elles se sont formées dans la cheminée.

cratère

cheminée

évent

évent

croûte terrestre

Le magma s'élève jusqu'au cratère du volcan par un conduit appelé « cheminée ».

manteau

manteau

Coulées ou explosions ?

Les éruptions volcaniques ne se passent pas toutes de la même manière. Dans certains cas, la lave coule doucement sur les flancs du volcan. Mais parfois, les éruptions ressemblent plutôt à des explosions : le volcan projette de la lave, des cendres et des bombes volcaniques dans les airs. Certaines éruptions ne durent que quelques secondes, tandis que d'autres peuvent s'étirer sur des années.

Ce volcan expulse de la lave, des roches et des cendres.

cratère

lave

Des éruptions dangereuses

Les éruptions ne sont pas toujours dangereuses.
Quand elles sont grosses, toutefois, les gens qui
vivent à proximité courent de graves dangers.
Il n'y a rien à faire pour arrêter une éruption.
Il ne reste qu'à se sauver, et vite!

La lave chaude a brûlé les arbres et les routes qui se trouvaient sur son passage.

La lave chaude

La lave se présente sous différentes formes. Elle est parfois assez fluide pour couler très rapidement sur les pentes du volcan d'où elle est sortie. Elle peut ainsi parcourir des centaines de kilomètres avant de se refroidir et de se transformer en roche. La lave fluide devient souvent de la roche lisse et dure. Il se forme une pellicule à sa surface.

Une pellicule s'est formée à la surface de cette lave fluide.

La lave fluide a coulé rapidement sur les flancs de ce volcan. Elle se transformera en roche en entrant dans l'eau froide de l'océan.

Une lave plus lente

La lave peut aussi être épaisse et collante. Une fois projetée à l'extérieur du volcan, elle se déplace lentement sur ses pentes. La lave épaisse ne se rend pas très loin. Quand elle se refroidit, elle s'accumule pour former des roches. Les grosses roches qu'on voit ci-dessous ont été formées par de la lave épaisse.

gros plan

Ce volcan d'Irlande du Nord a fait éruption il y a des millions d'années. En se refroidissant, la lave épaisse qui en est sortie s'est contractée et fissurée. C'est ce qui a formé des milliers de hautes colonnes rocheuses.

Les volcans actifs

Un volcan actif, c'est un volcan qui est entré en éruption récemment ou qui pourrait le faire n'importe quand. Il y a plus de 1 500 volcans actifs sur la Terre. En voici quelques-uns.

Le Mauna Loa est un volcan actif.

Le Mauna Kea n'est pas un volcan actif.

Le Mauna Loa et le Mauna Kea sont deux volcans situés à Hawaï, aux États-Unis. Le Mauna Loa est le plus gros volcan actif de la planète. Il a fait éruption la dernière fois en 1984. Le Mauna Kea, lui, n'est plus actif.

*Le Kilauea est un volcan actif d'Hawaï. Un flot continu de lave s'en échappe et coule jusqu'à l'océan. Quand cette lave se refroidit, elle durcit et forme de nouvelles terres. Les **îles** d'Hawaï ont toutes été créées par de la lave.*

Éruption en vue?

Certains volcans actifs peuvent rester bien tranquilles pendant des années, puis entrer en éruption soudainement. D'autres font éruption tous les jours; la plupart du temps, ils ne sont pas dangereux pour les gens.

Le mont Etna est un volcan d'Italie. Il est en éruption depuis plus de 3 500 ans, mais il n'est pas dangereux.

Le volcan Arenal, au Costa Rica, fait éruption tous les jours depuis 1968. Avant cette date, il était inactif.

Le Piton de la Fournaise est un volcan très actif de l'île de la Réunion. Il en sort beaucoup de lave.

Le mont St. Helens, dans l'État de Washington, a été secoué par une énorme éruption en 1980. Plus de 50 personnes ont été tuées, beaucoup de maisons et de ponts ont été détruits, et des routes et des voies ferrées ont été endommagées.

Éteint ou endormi ?

Un volcan endormi, c'est un volcan qui n'est plus actif depuis longtemps, mais qui pourrait le redevenir. Un volcan éteint, en revanche, n'a pas fait éruption depuis des milliers d'années. La dernière éruption du mont Fuji, au Japon, remonte à 3 000 ans. Alors, ce volcan est-il éteint, à ton avis, ou simplement endormi ?

le mont Fuji

Le mont Kilimandjaro, en Afrique, n'a pas fait éruption depuis qu'il y a des humains sur la Terre. Des gaz s'échappent toutefois des flancs de ce volcan de Tanzanie, et les scientifiques croient qu'il pourrait entrer à nouveau en éruption. Qu'en penses-tu ?

La formation de Diamond Head, à Hawaï, résulte probablement d'une seule éruption de courte durée, et les scientifiques pensent qu'il n'y aura plus d'autre éruption à cet endroit. Alors, ce volcan est-il éteint ou endormi ?

Des gens vivent au sommet de ce volcan éteint. Beaucoup d'autres en font l'ascension pour aller y jeter un coup d'œil.

Le mont Popa est un volcan éteint de la Birmanie (ou Myanmar). La végétation y est abondante. Les arbres et les autres végétaux poussent bien dans un sol composé en partie de cendres volcaniques.

Le Vésuve

Le Vésuve est un volcan italien bien connu. Quand il a fait éruption il y a près de 2 000 ans, les villes de Pompéi et d'Herculanum ont été détruites. Des milliers de personnes sont mortes, enterrées sous la cendre et la boue.

*Beaucoup de gens se rendent en Italie pour visiter les **ruines** de Pompéi, qu'on voit sur ces deux photos. La grande photo montre aussi le Vésuve.*

Un volcan encore actif?

Le Vésuve a fait éruption bien des fois. En 1631, plus de 3 000 personnes sont mortes, et des villages entiers ont été enfouis sous la lave. En 1906, le volcan a produit une énorme quantité de lave et tué beaucoup de gens. Il n'y a pas eu d'éruption depuis 1944, mais les spécialistes des volcans pensent que le Vésuve pourrait se réveiller. Alors, est-ce un volcan actif ou endormi? En tout cas, les gens qui habitent tout près espèrent bien qu'il est endormi pour longtemps!

le Vésuve en éruption

Lors de l'éruption de 1906, les gens n'ont eu que le temps de ramasser quelques affaires avant de se sauver.

le Vésuve

Le Vésuve est considéré comme un volcan très dangereux parce que des millions de personnes vivent à proximité, dans la ville de Naples (ci-dessus) et dans les environs.

Des formes variées

Les volcans peuvent avoir différentes formes. Certains sont aplatis au sommet. D'autres ressemblent à de petites collines. Et d'autres encore ont la forme d'un cône. Ces volcans coniques sont constitués de petits morceaux de roches et de cendres qu'on appelle des « scories ». Quand ils entrent en éruption, la lave et les scories tombent sur leurs pentes et s'y accumulent. C'est ce qui forme des pentes escarpées.

cônes de scories

le Mauna Kea

Ces cônes de scories se sont formés sur les flancs du Mauna Kea, à Hawaï.

La plupart des volcans sont des stratovolcans. Ce sont de hautes montagnes coniques, composées de nombreuses couches de lave et de cendres volcaniques durcies. Quand ils font éruption, les stratovolcans explosent avec force et expulsent une lave épaisse. On les appelle aussi « volcans composites ».

Le mont Fuji est un stratovolcan.

Le mont Shasta, en Californie, est aussi un stratovolcan.

Les volcans-boucliers sont les plus grands volcans sur Terre. Leurs pentes ne sont pas abruptes, et la lave qui s'en échappe coule lentement sur le sol.

Le Mauna Loa est un volcan-bouclier.

Cônes et cratères

On trouve des cratères au sommet de nombreux volcans. Ce sont des ouvertures rondes, en forme de cuvettes, tout en haut de la cheminée des volcans. Certains cratères sont vastes et profonds. Certains sont aussi remplis d'eau.

On voit ici le cratère d'un des Monti Silvestri, des cônes volcaniques qui font partie du mont Etna, en Italie.

cratère

On voit sur cette photo un cône de lave dans le cratère du mont St. Helens. C'est de là que s'échappe la vapeur.

Des cônes dangereux

Il se forme souvent des **cônes de lave** dans le cratère des stratovolcans actifs. Ils sont faits de lave très épaisse, qui coule lentement. Comme cette lave ne va pas très loin, elle s'accumule près du sommet des volcans ou sur leurs flancs. Ces monticules sont très dangereux! Quand ils font éruption, il se produit souvent une énorme explosion.

Le cratère de ce volcan est rempli d'eau.

Qu'est-ce qu'une caldeira ?

Les **caldeiras** sont différentes des cratères. Ce sont de grandes cuvettes circulaires, qui se forment lorsqu'une grosse éruption fait sortir beaucoup de magma d'un volcan. Comme le volcan ne contient plus suffisamment de magma pour soutenir la montagne qui l'entoure, son centre s'effondre vers l'intérieur. Il se crée alors un immense trou, qui peut avoir plusieurs kilomètres de diamètre.

L'île Wizard est un volcan qui s'est formé dans une caldeira.

Des lacs profonds

Avec le temps, les caldeiras se remplissent d'eau de pluie et se transforment en lacs. C'est ainsi que s'est formé le lac Crater, en Oregon. Même si son nom veut dire « cratère », ce grand lac très profond ne s'est pas constitué dans un cratère, mais bien dans une caldeira.

Le lac Crater est le plus profond aux États-Unis.

Sous l'eau et la glace

Quand un volcan fait éruption dans l'océan, la lave descend jusqu'au fond de l'eau, où elle durcit en refroidissant. Avec chaque éruption, la lave s'accumule, et le volcan grandit. À la longue, le volcan émerge de la surface de l'eau et forme une île.

Les îles Galápagos sont d'origine volcanique.

Les îles d'Hawaï sont aussi d'origine volcanique. La plus grande d'entre elles, l'île d'Hawaï, continue de s'agrandir. On voit sur cette photo une plage de sable noir située sur cette île. Ce sable est fait de lave et de cendre refroidies. Les rochers qui entourent la plage sont aussi constitués de lave refroidie.

À travers la glace

Certains volcans se trouvent sous d'épais glaciers. Quand ils font éruption à travers la glace, ils donnent naissance à des tuyas. Ce sont des formations volcaniques au sommet aplati et aux pentes abruptes. On en trouve en Islande, en Oregon, en Colombie-Britannique et en Antarctique. Le mont Ring, qu'on voit ci-dessous, est un tuya de Colombie-Britannique.

La ceinture de feu

Même s'il y en a sur tous les **continents**, plus de la moitié des volcans de la Terre sont concentrés dans l'océan Pacifique. Ils forment un cercle appelé « ceinture de feu », qui s'étend sur une partie de l'Asie, de l'Amérique du Nord, de l'Amérique du Sud et de l'Océanie. L'Indonésie, qui compte 130 volcans actifs, est située dans cette zone. La carte ci-dessous montre cette région, une des plus dangereuses du globe.

Ces volcans se trouvent à Java, en Indonésie.

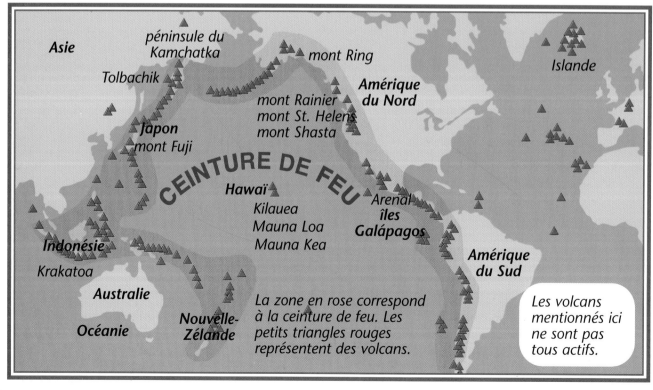

Asie

péninsule du Kamchatka

mont Ring

Islande

Tolbachik

Amérique du Nord

mont Rainier
mont St. Helens
mont Shasta

Japon
mont Fuji

CEINTURE DE FEU

Hawaï
Kilauea
Mauna Loa
Mauna Kea

Arenal
îles
Galápagos

Indonésie

Amérique du Sud

Krakatoa

Australie

Nouvelle-Zélande

Océanie

La zone en rose correspond à la ceinture de feu. Les petits triangles rouges représentent des volcans.

Les volcans mentionnés ici ne sont pas tous actifs.

Le Krakatoa (ou Krakatau)

Krakatoa est une île d'Indonésie. C'est aussi le nom du volcan qui se trouve sur cette île. Le Krakatoa a connu de nombreuses éruptions, dont la plus célèbre a eu lieu en 1883. Cette éruption volcanique a été la plus terrible des temps modernes. Elle a tué des milliers de personnes et ravagé de nombreuses localités des environs. Elle a aussi détruit les deux tiers de l'île de Krakatoa.

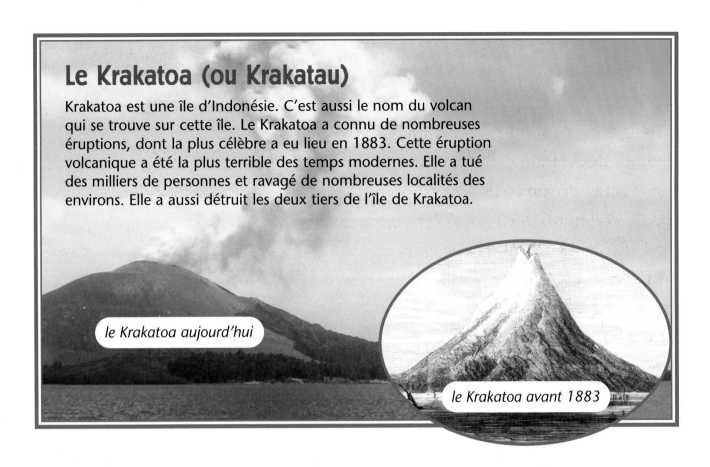

le Krakatoa aujourd'hui

le Krakatoa avant 1883

La péninsule du Kamchatka

La péninsule du Kamchatka, en Russie, est un des secteurs de la ceinture de feu où l'activité volcanique est la plus intense. On y trouve plus de 100 volcans, et plus d'une douzaine d'entre eux sont actifs. Le volcan Tolbachik, qu'on voit ci-dessous, est actif. Il se compose en fait de deux volcans : un volcan-bouclier au sommet aplati et un stratovolcan en forme de cône.

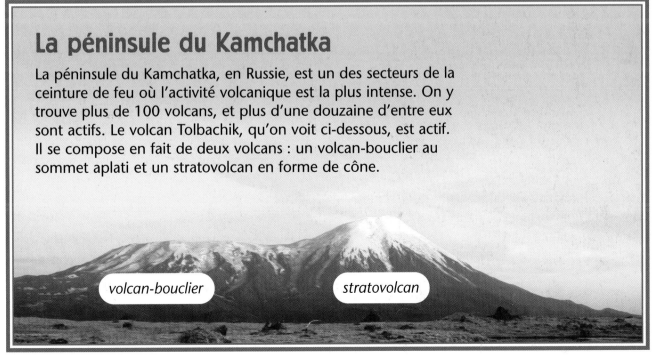

volcan-bouclier

stratovolcan

D'autres points chauds

Les sources chaudes se forment quand des cours d'eau souterrains sortent du sol, dans les endroits où il y a de l'activité volcanique sous la croûte terrestre. On trouve des sources de ce genre partout sur la planète, même dans les océans. Quant aux geysers, ce sont des sources chaudes qui jaillissent périodiquement. Ils projettent alors de l'eau chaude et de la vapeur dans les airs.

Le parc national Yellowstone, aux États-Unis, contient beaucoup de sources chaudes et de geysers. Le geyser qu'on voit ici a été baptisé « Old Faithful » (ce qui veut dire « Vieux Fidèle ») parce qu'il est toujours fidèle au rendez-vous : il fait éruption régulièrement, à peu près toutes les heures.

La source du Grand Prismatic, dans le parc national Yellowstone, est la plus grande source chaude d'Amérique du Nord. Ses eaux sont propres et limpides.

La vallée des geysers, au Kamchatka, comprend plus de 90 geysers. On en voit quelques-uns ici. On voit aussi sur cette photo des fumerolles, qui sont des ouvertures dans la croûte terrestre par lesquelles s'échappent des gaz et de la vapeur.

Ces macaques se baignent dans une source chaude à Nagano, au Japon. C'est l'hiver, et ils ont de la neige sur la tête. Pourtant, ils n'ont pas froid. Ils prennent un bon bain chaud !

L'étude des volcans

On trouve des observatoires comme celui-ci au sommet de certains volcans.

L'étude des volcans s'appelle la volcanologie ». Et les gens qui étudient les volcans sont des « volcanologues ». Ils observent attentivement les volcans. Ils guettent l'apparition de failles dans le sol. Ils mesurent les changements dans la forme des volcans et dans les mouvements qui ébranlent les profondeurs de la Terre. En étudiant ainsi les volcans, les volcanologues peuvent aider à **prévoir** les éruptions futures.

Ces gens visitent un volcan avec un volcanologue, qui leur apprend beaucoup de choses.

Des phénomènes utiles

Les volcans peuvent causer beaucoup de dégâts, mais ils sont aussi très utiles pour la Terre et ses habitants. Ils peuvent par exemple fournir de la chaleur. Ils ajoutent aussi dans le sol des **minéraux** qui favorisent la croissance des plantes.

Une chaleur propre

À Hawaï, en Nouvelle-Zélande et en Islande, les roches chaudes situées sous la croûte terrestre chauffent l'eau qui se trouve sous terre. La vapeur dégagée par cette eau chaude est utilisée pour produire de l'**énergie**. C'est une énergie très propre, qui ne pollue ni le sol, ni l'eau. L'eau chaude est aussi pompée dans les maisons.

Ces tuyaux, en Islande, transportent de l'eau chaude vers les maisons.

De nouvelles plantes

Après les éruptions volcaniques, la terre est enrichie de poussières et de cendres qui la rendent très **fertile**. Les plantes repoussent vite, en meilleure santé qu'avant. Cette plante magnifique pousse dans un sol qui a été recouvert de lave et de cendres.

Glossaire

caldeira Grande cavité circulaire qui se forme quand un volcan s'effondre sur lui-même

continent Une des sept grandes étendues de terre de la planète

cratère Ouverture assez grande (mais plus petite qu'une caldeira) au sommet d'un volcan

croûte Couche de roche dure qui entoure la Terre

cône de lave Monticule arrondi, aux parois abruptes, formé par des éruptions de lave épaisse

énergie Puissance nécessaire pour travailler ou pour produire des choses

éruption Projection de lave, de roches et d'autres substances hors d'un volcan

fertile Se dit d'un sol dans lequel les plantes poussent en abondance

fusion Passage d'une substance solide à l'état liquide sous l'action de la chaleur

gaz Substance (l'air, par exemple) qui n'est naturellement ni solide, ni liquide

glacier Grande masse de glace qui se déplace lentement

île Terre complètement entourée d'eau

magma Roche en fusion à l'intérieur de la Terre, qui se transforme en lave en sortant d'un volcan en éruption

minéraux Substances naturelles non vivantes qui entrent dans la composition des roches, et qui aident les plantes et les animaux à grandir

prévoir Savoir à l'avance que quelque chose va se produire

ruines Ce qui reste des bâtiments après la destruction d'une ville

vapeur État gazeux de l'eau quand elle devient très chaude

volcanique Caractéristique des volcans ; produit par un volcan

Index